AF457746

6 juin 1903

99 P

VENTE

DU SAMEDI 6 JUIN 1903

Hôtel Drouot, salle n° 6

à deux heures

LA VEILLE, EXPOSITION PUBLIQUE

PREMIÈRE PARTIE

Collection de M. de GOUMOIS de Besançon

DEUXIÈME PARTIE

Tableaux appartenant à divers

COMMISSAIRE-PRISEUR

Me LIBAUDE

EXPERTS

MM. G. SORTAIS

et

Henry HAMEL

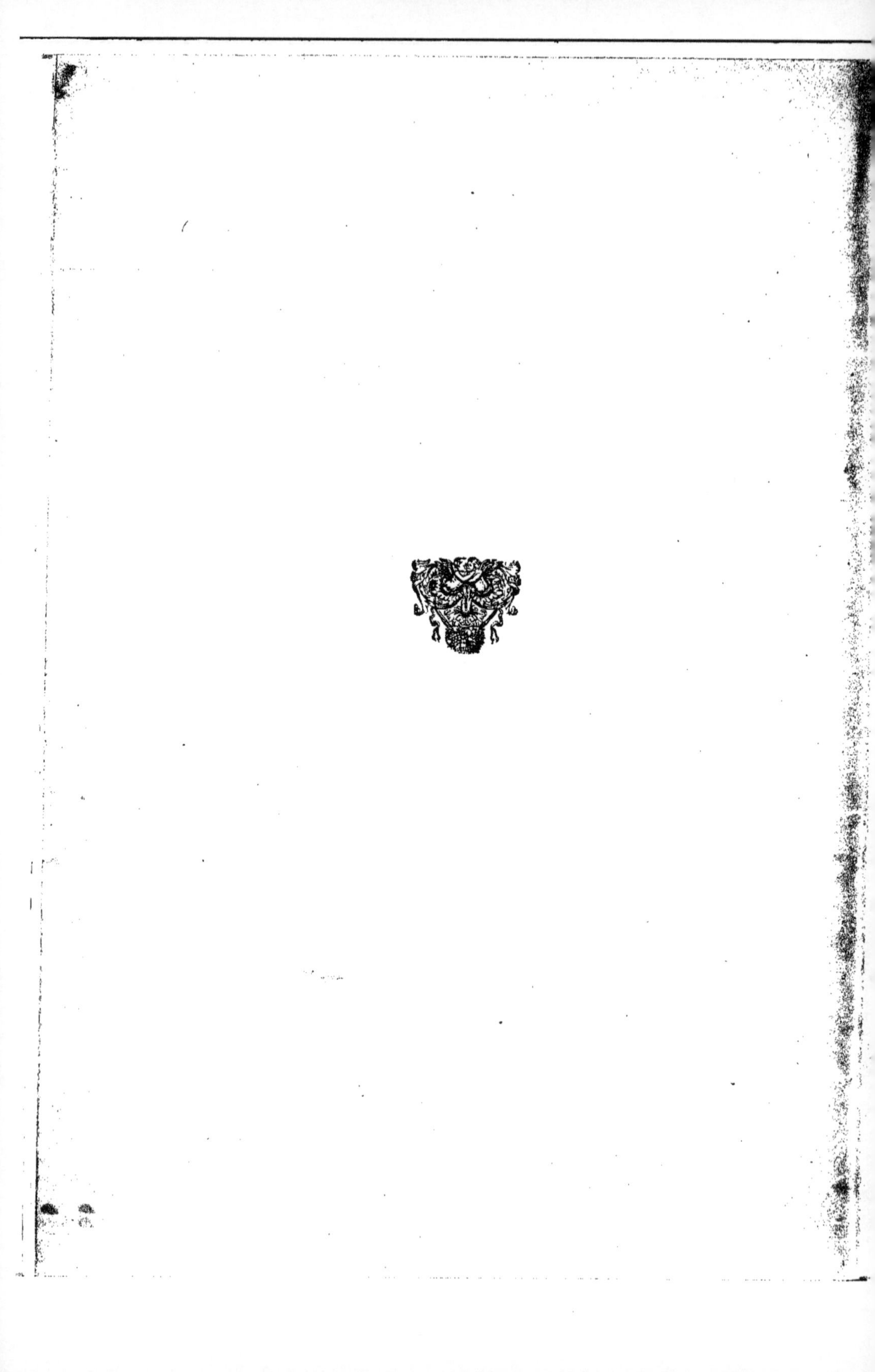

TABLEAUX

DE LA

COLLECTION DE M. DE GOUMOIS DE BESANÇON

PAR

ALBANE, BARON, BERTIN, BLANCHET, CARAVAGE, CERQUOZZI, COURBET, DESPORTES, BARON GÉRARD, DUGHET DIT POUSSIN, JEAN MEEL, MEULENER, GASPARD NETSCHER, OUDRY, PANNINI, RIBOT, SALVATOR ROSA, SCHALCKEN, SPADA, TÉNIERS (École de), VAN BEYEREN, EUGÈNE VERBOECKHOVEN, JOSEPH VERNET

TABLEAUX APPARTENANT A DIVERS

BOUCHER (École de), JEAN GUÉRIN, GABRIEL GUÉRIN, DE KONINCK LANCRET (d'après), MATSYS QUENTIN (École de), MIGNARD (École de), JEAN RAOUX, TISCHBEIN (École de).

DONT LA VENTE AURA LIEU

HOTEL DROUOT SALLE N° 6

Le Samedi 6 Juin 1903

A 2 HEURES

COMMISSAIRE-PRISEUR

Me LIBAUDE

6, rue Baudin, 6

EXPERTS

M. G. SORTAIS	**M. HENRY HAMEL**
4, rue Mogador, 4	76, boulevard Magenta, 76

EXPOSITION PUBLIQUE

Le Vendredi 5 Juin 1903, de 1 h. 1/2 à 5 h. 1/2

CONDITIONS DE LA VENTE

Elle sera faite au comptant.

Les acquéreurs paieront *dix pour cent* en sus des prix d'adjudications.

TABLEAUX

DE LA

Collection de M. de Goumois

DE BESANÇON

ALBANE (Ecole de l')

Né à Bologne en 1578, mort en 1660.

1 — *Gouache.*

Des amours offrent à la déesse une coupe, au-dessus de laquelle un faune presse une grappe de raisin.

Cette déesse est abritée sous une étoffe maintenue par un autre faune. Elle est assise sur une élévation de pierres près d'un ruisseau en cascades. Au fond, à gauche des montagnes bleutées. Très jolie composition, exécution soignée et conservation parfaite.

Haut., 17 cent. ; larg., 22 cent.

ALBANE (Ecole de l')

2 — *Gouache. Enlèvement d'Europe par Zeus.*

Europe quitte le rivage, deux amours sur des dauphins précèdent le taureau sur lequel elle est assise. Un amour, dans une draperie ; plus loin, Cupidon.

Au loin, dans l'île, les compagnes d'Europe courent éperdues.

La figure de femme bien drapée, montre un sein à demi découvert. Conservation parfaite, exécution soignée. Sujet plusieurs fois traité par l'Albane (Galerie des offices).

Haut., 17 cent. ; larg., 22 cent.

BARON

(HENRI)

Peintre français, né à Besançon, en 1817.

3 — *Paysage.*

Au premier plan à gauche, un bûcheron se tient près d'un arbre abattu ; à droite des femmes semblent se reposer, plus à droite une maison au balcon de laquelle sont étendues des étoffes de couleurs voyantes. Ciel et eau, belles qualités de tons, bien conservé.

Signé à droite : H. Baron.

Haut , 14 cent.; larg., 20 cent.

BARON

(HENRI)

4 — *Aquarelle.*

Partie de château avec personnages, à gauche et en bas de l'eau.

Signé à droite : H. Baron.

Haut., 30 cent ; larg., 20 cent.

BARON

(HENRI)

5 — *Aquarelle.*

Jeune femme étendue sur de la verdure au milieu d'un paysage. Jolie coloration, très enveloppée.

Signé à droite : H. Baron.

Haut., 21 cent. ; larg., 16 cent.

BERTIN

(JEAN-VICTOR)

Né à Paris en 1775, mort en 1842.

6 — *Paysage.*

Au premier plan un groupe de jeunes gens revenant de la chasse se dirige vers un philosophe, assis sur un rocher.

Au fond un paysage panoramique magnifiquement éclairé, des collines bleutées et rosées sous l'influence d'un soleil couchant.

A gauche, un pan de colline presque à pic au haut duquel se trouve une tour.

Toile. Haut., 105 cent. ; larg., 139 cent

BLANCHET

(LOUIS-GABRIEL)

(XVIIIe SIÈCLE)

Second grand prix de Rome de 1727, vécut à Rome où il mourut.

7 — *Portrait.*

Représentant un Révérend père dont la figure est très expressive. Les deux mains sont entre-croisées sur un livre ouvert.

Il paraît réfléchir sur la lecture qu'il vient de faire.

En haut et à droite se trouvent écrits les mots suivants :

R. Provincial du Mont de la Trinité à Rome.

Ce portrait est signé à gauche : L.-G. Blanchet, 1752.

Portrait d'une facture souple d'un excellent coloris et d'une très belle pâte.

Bonne conservation.

Toile. Haut., 105 cent. ; larg., 139 cent.

CARAVAGE

(AMERIGHI-MICHEL-ANGE)

Né en 1569 mort en 1609.

8 — *Scène de bohémiens, La Diseuse de bonne aventure.*

Un jeune femme dont le sourire est moqueur tend sa main à une jeune bohémienne dont la figure sérieuse indique la conviction. Un homme au second plan semble interroger la bohémienne et l'engager à tout dire.

A droite un pître dont le rire est plein de malice semble souffler à la bohémienne une grosse plaisanterie. Cette toile d'une conservation parfaite est d'une qualité remarquable.

Ce sujet a été affectionné par Caravage et il l'a traité plusieurs fois, un tableau du Musée du Louvre porte ce titre.

Toile. Haut., 119 cent. ; larg., 168 cent.

CERQUOZZI

1602-1660.

9 — *Fruits sur une table.*

Toile. Haut., 1 m. 01 ; larg. ; 1 m. 27.

COURBET

Né en 1819, mort en 1877.

10 — *L'homme au casque*

Portrait présumé de l'acteur Gueymard, artiste de l'Opéra. Très remarquable par la souplesse de la facture et la qualité du ton. Parfaite conservation.

Signé G. Courbet à gauche.

Toile. Haut , 54 cent. ; larg , 45 cent.

DESPORTES

(FRANÇOIS)

Né en 1661, mort à Paris en 1743.

11 — *Chiens et Gibier.*

Le chien placé à gauche est couché et garde un lot de gibier mort étalé au premier plan.

Signé à gauche : A.F. D. 1726.

(L'A et l'F sont liées).

Toile. Haut., 1 m. 10 cent. ; larg., 1 m. 25 cent.

DESPORTES
(FRANÇOIS)

12 — *Chien et gibier.*

Un chien debout garde du gibier mort.

Signé à gauche : A.F. D.
(L'A et l'F sont liées)

Toile. Haut., 110 cent. ; larg., 125 cent.

DESPORTES
(FRANÇOIS)

13 — *Famille de faisans.*

Une famille de faisans est effrayée par la présence d'une chouette perchée sur un arbre.

Signé à gauche : A.F. D., 1723.
(L'A et l'F sont liées)

Toile. Haut., 110 cent. ; larg., 125 cent.

BARON GÉRARD
Né en 1770, mort en 1837.

14 — *Académie.*

Homme nu vu de dos. Un genou porte sur un bloc recouvert d'une draperie rouge. Le modèle s'appuie sur un bâton avec pic. Merveilleusement conservé, aucun ton n'a noirci.

Toile. Haut., 82 cent. ; larg., 66 cent.

DUGHET dit GUASPRE-POUSSIN

(GASPARD)

Né en 1613, mort en 1675.

15 — *Paysage avec baigneuses.*

Femmes nues, debout et couchées sur le rivage, d'autres se baignant.

Au fond charmant paysage avec monuments et collines bleutées verdâtres.

Toile. Haut., 91 cent.; larg., 1 m. 16 cent.

1150 —

MEEL ou MIEL

(JEAN)

Né près d'Anvers vers 1599, mort à Turin en 1664.

16 — *Halte de chasse.*

Cette toile est très vivante par le nombre et la variété des personnages.

A gauche, près d'un sonneur de trompe, un valet donne du gibier à manger aux chiens de la meute. Près d'une fontaine surmontée de ruines et formant abreuvoir, un valet fait boire deux chevaux. A droite, assis autour d'une table et sur un banc, dames et seigneurs se reposent. Cette toile rappelle beaucoup un tableau du Louvre connu sous le titre *La dînée des voyageurs*. Pur et bien conservé.

Haut., 59 cent.; larg., 84 cent.

1050 —

MEULENER

(P.)

17 — *Bataille.*

Combat entre cavaliers qui se chargent à l'épée et au pistolet.

Ce panneau porte l'empreinte au fer de la corporation d'Anvers.

Il est signé à droite P. Mevlener 1643.

Pièce très rare, en bon état de conservation.

Panneau. Haut , 38 cent. ; larg., 62 cent.

NETSCHER GASPARD

(Gaspard)

Né en 1639, mort en 1684.

18 — *Sara présentant Agar à Abraham*

Au premier plan Abraham est assis, il admire Agar que lui présente Sara. Agar, au premier plan de droite, est décolletée, elle détourne légèrement la tête, et porte sa main gauche à la poitrine tandis que la main droite retient les plis de sa tunique. Dans le fond se trouve un lit dont les rideaux sont entr'ouverts ; dans les plis d'un des rideaux, on voit apparaître la figure d'un serviteur indiscret.

Toile. Haut., 62 cent. ; larg., 40 cent.

9400

OUDRY

(JEAN-BAPTISTE)

Peintre français, né en 1689, mort en 1755.

19 — *Gibier et Chienne.*

Une chienne tombe en arrêt à la vue d'un faisan placé à gauche derrière une touffe de genêts. A droite et à gauche, des arbres, et au fond, un village placé au-delà d'un cours d'eau. Cette toile est une répétition de celle placée au musée du Louvre.

Elle est signée à gauche : J. B. Oudry, 1735.

Toile. Haut., 86 cent. ; larg., 1 m. 20 cent.

OUDRY

(JEAN-BAPTISTE)

20 — *Deux chiens, avec au premier plan, des faisans morts.*

A gauche, un chien d'un mouvement superbe, étend la patte sur du gibier, et tient en respect, par son regard, une chienne qui semble convoiter les faisans étalés au premier plan. A droite, une éclaircie de paysage.

Cette peinture très bien conservée est de premier ordre, et d'une pureté absolue.

Elle est signée à droite : J.-B. Oudry, 1731.

Toile. Haut., 97 cent. ; larg., 1 m. 30.

PANNINI

(JEAN-PAUL)

Né en 1691, mort à Rome en 1764.

21 — *Ruines antiques.*

Près d'un immense portique, remarquable par sa construction et sa savante perspective, un jeune homme, au premier plan, assis sur un bloc de pierre, offre des fleurs à une jeune femme couchée à ses pieds, et vue de dos. Excellent tableau d'une bonne conservation.

Toile. Haut., 1 m. 04; larg., 86 cent.

RIBOT TH.

(TH)

22 — *Dessin au crayon estompé.*

Au premier plan, à gauche, une vieille paysanne assise ; dans le fond, à un second plan, sous le porche d'une église, une femme tient un enfant sur les genoux.

Il a été fait d'après ce dessin une lithographie exposée au Salon.

Il est signé en bas à droite, avec dédicac e à son élève, M. Nicolas (de Brest).

Haut., 18 cent. ; larg., 11 cent.

SALVATOR ROSA

Né près de Naples, en 1615, mort en 1673.

23. — *Paysage en montagne, avec pans de ruines, personnages.*

Ce tableau très bien conservé, sans retouches, est resté lumineux.

Dans la partie gauche, au premier plan, sous un vieil arbre décharné, se tient assise une femme tenant un enfant dans ses bras, et causant avec un soldat campé devant elle.

A droite, au premier plan, des femmes et des soldats se tiennent sur des pierres, près d'une chute d'eau venant de rochers surmontés de ruines.

Au centre, un fragment d'architecture.

Cette toile porte à droite le monogramme S. R. lettres entrelacées, avec la date 1650.

Toile. Haut., 96; larg., 117.

SCHALCKEN

(GODEFRIED)

Né en 1643, mort à La Haye, en 1706.

24 — *L'indiscrétion.*

Une vieille femme paraît adresser des recommandations à une jeune fille coquettement habillée, dont le corsage entr'ouvert laisse voir un sein nu, et soulève le couvercle d'un coffret duquel un oiseau va s'échapper. A droite, dans une éclaircie, des personnages au loin.

Toile. Haut., 50 cent. ; larg., 41 cent.

SPADA

Né à Bologne en 1576, mort à Parme en 1622.

25 — *L'inventeur.*

Un homme au torse presque nu étend son bras sur un livre ouvert. Dans sa main gauche il tient une équerre et semble réfléchir.

Toile. Haut., 110 cent ; larg., 92 cent.

DAVID TÉNIERS

(Attribué a)

Né en 1610, mort en 1690.

26 .— *Laboratoire d'un alchimiste.*

Dans un laboratoire encombré d'ustensiles de toutes sortes, un homme, au premier plan, se sert d'un soufflet pour attiser le feu sous un appareil placé sur une cheminée à hotte. Au fond deux aides pilonnent les produits.

Ce tableau est signé à droite : D. Teniers.

Un tableau a passé en 1859 à la vente Northwick sous ce même titre et a été adjugé 17.550 francs.

Toile. Haut., 37 cent.; larg., 45 cent.

VAN BEYEREN

(ABRAHAM)

27 — *Nature morte.*

Chaudrons, crustacés, poissons, coquillages.

Toile. Haut., 64 cent ; larg., 85 cent.

VERBOECKHOVEN

(EUGÈNE)

1798 à 1881.

28 — *Animaux.*

Dans un paysage, au centre, une vache rousse ; à gauche une chèvre, et au second plan une brebis et son agneau. A droite, dans un coin de mare, deux canards. Au loin une plaine, un village, une ligne bleuâtre d'arbres.

Signé en bas vers le centre avec la date de 1845.

Panneau. Haut., 21 cent. ; larg., 28 cent.

VERBOECKHOVEN

(EUGÈNE)

29 — *Animaux.*

Au centre, un taureau redresse sa tête et frotte son muffle contre un arbre derrière lequel un pâtre est assis et s'appuie ; à gauche, une brebis et son agneau ; à droite et au premier plan, un coq et deux poules.

Signé vers la droite, avec la date de 1846.

Panneau. Haut., 21 cent. ; larg., 28 cent.

VERNET

(CLAUDE-JOSEPH)

Né en 1712, mort en 1789.

30 — *Paysage.*

Près d'une chute d'eau qui se trouve au premier plan, des pêcheurs dans une barque, ramènent un filet. Une jeune femme est debout sur un rocher à gauche. Au-dessus des pêcheurs se dressent à pic des rochers où reposent des personnes, et sur lesquels est un vieux chêne en partie brisé. A droite du tableau, des bateaux sont à l'ombre d'arbres. Plus à droite, des pêcheurs sur un rocher tiennent un épervier.

Le tableau est daté et signé sur le bord de la barque.

De premier ordre et merveilleusement conservé.

Toile. Larg., 1 m.; haut., 80 cent.

TABLEAUX

Appartenant à divers

BOUCHER (École de)

1 — *Trois dessus de portes représentant des sujets mythologiques.*

BOUCHER (d'après)

(FRANÇOIS)

2 — *Le concert pastoral (a été gravé).*

Deux pendants, copies anciennes.

GUÉRIN

(JEAN)

3 — *Scènes d'intérieur. Alsaciennes.*

Deux dessins à la sépia.

GUÉRIN

(GABRIEL)

4 — *Le peintre Lantara.*

GUÉRIN
(GABRIEL)

5 — *Portrait du ministre Humann.*

GUÉRIN
(GABRIEL)

6 — *Scènes du XVII*^{me} *siècle.*

Deux pendants.

KONINCK (Ph. de)

7 — *Cavaliers dans un paysage.*

LANCRET (Copie ancienne d'après)

8 — *La terre.*

A été gravé.
Cadre en bois sculpté.

MATSYS QUENTIN (Ecole de)

9 — *Le Christ descendu de la croix.*

Volet d'un tabernacle de la cathédrale de Bristol, dit une vieille inscription au verso de ce panneau.

MIGNARD (École de)

10 — *Portrait.*

Marquise représentée en Diane.
Cadre de l'époque bois sculpté.
Haut., 1 m. ; 96 cent. larg.

MIGNARD (École de)

11 — *Portrait de marquise.*

Cadre de l'époque, bois sculpté.

Haut., 73 cent.; larg., 63 cent.

MIGNARD (École de)

12 — *Portrait.*

Marquise décolletée tenant des fleurs dans les deux mains.

Haut., 1 m. 11 cent.; larg., 71 cent.

RAOUX
(JEAN)

13 — *Le feu des Vestales.*

Cadre en bois sculpté provenant du grand salon de l'hôtel de Matignon à Paris.

TISCHBEIN (École de)

14 — *Portrait de femme.*

La chevelure poudrée ornée de perles et de fleurs, corsage de soie brun décolleté, les bras appuyés sur une table où l'on distingue le livre de la *Nouvelle Héloïse.*

Mayenne. Imp. Colin

www.ingramcontent.com/pod-product-compliance
Ingram Content Group UK Ltd.
Pitfield, Milton Keynes, MK11 3LW, UK
UKHW020520180726
13839UKWH00005B/2201

9 782329 541891